Jimmy :D
Siempre ama en libertad,
sueña sin limites,
nunca olvides, que eres amado
en todos tus mundos…

Había una vez un pez, que nadaba en el vasto océano, como es normal para todo pez.

El pez entendía el agua y sus reglas, sabía unirse a las corrientes de agua y nadar con exquisita sincronía con su cardumen, creando patrones de belleza y exactitud… nunca en contradicción con su grupo.

El pez amaba el agua, pues éste era su elemento, como debe de ser en la vida de todo pez.

Había también un pájaro, que volaba libre en el cielo, como es normal para todo pájaro.

El pájaro entendía el aire y sus vientos, la forma fantasiosa de las nubes, la gentil brisa que levantaba su vuelo, la libertad y la soledad de las alturas.

El pájaro amaba el aire, pues éste era su elemento,
como debe de ser en la vida de todo pájaro.

En la eterna y cambiante danza de la vida, algunas cosas se encuentran, otras nunca lo hacen. En este particular caso, el pez vió al pájaro, el pájaro vio al pez…

El pájaro no conocía al pez ni los límites del oceano donde nadaba…

El pez no conocía al pájaro ni lo ilimitado del cielo donde volaba…

La curiosidad nació en ambos, se observaban cuidadosamente… de este modo pasaron días, y días, como suele pasar el tiempo.

El pájaro se zambullía en el agua,
el pez saltaba en el aire.

El pez saltaba en el aire, el pájaro
se zambullía en el agua.

Como es normal en lo que se observa, la comprensión nace, después la fascinación, poco a poco llega el amor…

El pájaro descubrió lo limitado del océano y sus reglas. El pez descubrió la libertad ilimitada de los cielos y sus vientos.

Cuando dos seres comparten amor, ambos mundos se entrelazan. Con cada salto, gotas de agua brillaban en el aire, con cada zambullida burbujas de aire flotaban en el agua, y aunque eran opuestos, por breves momentos había armonía entre ellos.

Como es natural en el amor, nacen cosas nuevas,
se juntan opuestos, se crean posibilidades…

De un pez del agua y un pájaro de los cielos,
nació una criatura mixta que pertenecía al cielo y
pertenecía al agua. Un espíritu nuevo que entendía
ambos mundos, las corrientes de las aguas, el soplar
de los vientos.

El pez y el pájaro amaban a esta criatura pues vivía
dentro de ella lo mejor de ambos.

La vida como en todo, tiene reglas claras, lo que pertenece al agua debe regresar a ella, lo que pertenece al cielo finalmente volará de regreso.

El pez con cada salto se sentía
más separado de su elemento,
extrañaba las corrientes
profundas, las reglas exactas
de su cardumen.

El pájaro con cada zambullida
añoraba más lo ilimitado
del cielo, los vientos que
levantaban su vuelo, la
compañía de las nubes.

Como es en la vida existen condiciones necesarias para que las cosas funcionen, en el particular caso del amor hay una sóla condición, aquello que amas debe permanecer en libertad…

El pez amaba al pájaro, y deseaba su felicidad, el pájaro amaba al pez y deseaba su felicidad. Sus mundos eran tan distintos que no permitían una convivencia larga, había llegado el momento de que cada uno regresara a su universo.

El pez saltó por última vez hacia los cielos, sintiendo el viento, ofreciendo gotas de agua brillantes a su pájaro…

El pájaro se zambulló por última vez en el océano, sintiendo el suave movimiento del agua, ofreciendo burbujas de colores a su pez…

Así, con el alma ligera cada uno siguió su camino con agradecimiento y felicidad, manteniendo un profundo amor por esa criatura mixta, lo mejor de ambos.

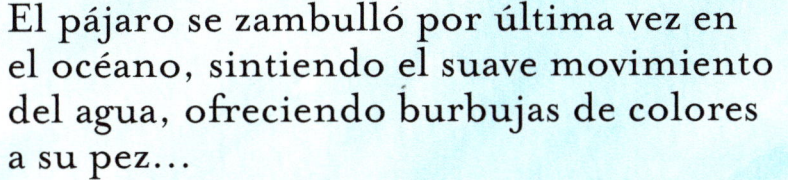

Como es en esta vida cada encuentro es un regalo… en este caso
del encuentro de un pez del agua y un pájaro del cielo quedó esa
criatura mixta que por amor unía dos mundos desiguales…

Al paso del tiempo el pájaro volaba feliz entre nubes con este ser mixto que entendía de la gentil brisa y la libertad de las alturas.

El pez nadaba feliz en exquisita sincronía con este ser mixto, que entendía de reglas y corrientes del agua.

*Por siempre unidos
en un nuevo ser…*

Fin

Neri García nació en la Ciudad de México. Estudio Diseño Gráfico en la Universidad de las Américas Puebla México. Tiene un MFA en Comunicación Visual de la prestigiosa Universität Gesamthochschule Kassel, Alemania. Trabaja como diseñadora y directora de arte en México y Estados Unidos para numerosas corporaciones.

Actualmente vive en Miami con su hijo Jimmy y su perro Glucklich. Es profesora de Diseño Gráfico en la Universidad de Miami y en el Miami Ad School.

Continua trabajando como freelance de diseño gráfico e ilustración. En sus ratos libres hace ilustraciones para cuentos de niños. Dos Lugares de Amor, es su primer libro bilingüe.

www.ingramcontent.com/pod-product-compliance
Lightning Source LLC
Chambersburg PA
CBHW060838290526
45792CB00006BB/1979